Monique Caissie

RÉFLEXIONS SPIRITUELLES

LES ÉDITIONS QUEBECOR
une division de Groupe Quebecor inc.
7, chemin Bates, bureau 100
Montréal (Québec) H2V 1A6

Distribué par : Québec-Livres

© 1993, Les Éditions Quebecor, Denis Lévesque
Dépôt légal, 1er trimestre 1993

Bibliothèque nationale du Québec
Bibliothèque nationale du Canada
ISBN : 2-89089-604-8

Éditeur : Jacques Simard
Coordonnatrice à la production :
Sylvie Archambault
Conception de la page couverture :
Bernard Langlois
Photo de la page couverture :
Comstock, Mickael Stuckiy
Correction d'épreuves : Jocelyne Cormier
Composition et montage : TDT Laser+
Impression : Imprimerie L'Éclaireur

RÉFLEXIONS
SPIRITUELLES

DENIS LÉVESQUE

Données de catalogage avant publication (Canada)

Vedette principale au titre :

Réflexions spirituelles

(Collection Guides pratiques)

ISBN 2-89089-604-8

1. Méditations. 2. Vie spirituelle. I. Lévesque,
Denis, 1947-   . II. Collection: Collection Guides
pratiques (Montréal, Québec).

PN6086.R43 1993   291.4'3   C93-096129-3

Après le verbe «aimer»,
«aider» est le plus beau verbe
du monde.
Bertha von Suttner

La mesure de l'amour,
c'est d'aimer sans mesure.
Saint-Augustin

Aimer, ce n'est pas se regarder
l'un l'autre, c'est regarder
ensemble dans la même direction.
Antoine de Saint-Exupéry

Le bonheur, c'est savoir
ce que l'on veut
et le vouloir passionnément.
Félicien Marceau

Réunissez tous les autres biens,
si celui de l'amour manque,
ils ne vous servent de rien.
Augustin d'Hippone

Le bonheur n'est pas le but
mais le moyen de la vie.
Paul Claudel

L'absolu n'est pas
à la portée de l'homme
mais dans le cœur de l'homme.
Daniel Pons

Rien n'est beau que le vrai;
le vrai seul est aimable.
Boileau

Nous ne savons jamais le bien
qu'un simple sourire peut faire.
Mère Teresa

Nous devons regarder notre être
comme un être manqué et
imparfait, comme un vide qui a
besoin d'être rempli,
comme une partie qui a besoin
d'être accomplie.
Pierre de Bérulle

Si l'on me presse de dire
pourquoi je l'aimais, je sens que
cela ne se peut exprimer qu'en
répondant : «Parce que c'était lui,
parce que c'était moi».
Montaigne

L'homme se trouve en se dépassant... Il est tout à fait lui-même quand il cesse de se replier sur lui-même, quand il est pure ouverture à Dieu.
Cardinal Ratzinger

L'homme intégral est fait d'ouverture à l'absolu et de brûlante charité.
Jean-Paul II

L'amour est l'ultime signification de tout ce qui nous entoure. Ce n'est pas un simple sentiment, c'est la vérité, c'est la joie qui est à l'origine de toute création.
R. Tagore

Pas de véritable épanouissement
sans oubli de soi, sans vie et pour
Dieu et pour ses frères.
Yves de Montcheuil

J'apprends chaque jour pour
enseigner le lendemain.
Émile Faguet

Il s'agit à tout moment
de sacrifier ce que nous sommes
à ce que nous pouvons devenir.
Charles Du Bos

La parole ne représente
parfois qu'une manière,
plus adroite que le silence,
de se taire.
Simone de Beauvoir

L'esprit s'enrichit de ce qu'il reçoit,
le coeur de ce qu'il donne.
Victor Hugo

Celui qui est paresseux dans les
petites choses ne va pas se
distinguer dans les grandes.
Basile de Césarée

Toutes les fleurs de l'avenir sont
dans les semences d'aujourd'hui.
Proverbe chinois

Exister totalement,
c'est aimer totalement.
Christian Chabanis

Ne perds pas l'occasion de voir
quelque chose de beau.
La beauté, c'est la signature
de Dieu.
Charles Kingsley

Plus l'homme deviendra homme,
plus il sera en proie au besoin
et à un besoin
toujours plus explicite d'adorer.
Teilhard de Chardin

Le bonheur est un parfum
que l'on ne peut répandre sur
autrui sans en faire rejaillir
quelques gouttes sur soi-même.
R.W. Emerson

On n'aime vraiment que si l'on
veut le plus grand bien, le plus
haut bien à son ami.
Louis-Joseph Lebret

Ne prendre de ce monde
que ce qu'il faut
pour achever notre route.
Aelred de Rielvaux

Ce n'est pas assez de faire des pas
qui doivent un jour conduire au
but, chaque pas doit être lui-même
un but en même temps qu'il nous
porte en avant.
Gœthe

Nous ne sommes pas responsables
de la manière dont nous sommes
compris, mais de celle dont nous
sommes aimés.
Georges Bernanos

Il n'y a pas de plaisir
comparable à celui de rencontrer
un vieil ami, excepté peut-être
celui d'en faire un nouveau.
R. Kipling

Un ami, on le cherche longtemps,
on le trouve avec peine,
on le conserve difficilement.
Saint Jérôme

Un ami fidèle n'a pas de prix, on
ne saurait en exprimer la valeur.
Siracide

Il n'y a pas de honte
à préférer le bonheur.
Albert Camus

C'est souvent l'amitié qui fait naître
et qui nourrit et entretient les plus
beaux sentiments de générosité
dont le cœur humain est capable.
Jean Boccace

Le chagrin est comme le riz
dans le grenier : chaque jour il
diminue un peu.
Proverbe malgache

Nous ne sentons le prix de nos
amitiés qu'au moment où nous
sommes menacés de les perdre.
René de Chateaubriand

On n'atteint pas le ciel par un
simple saut,
Mais nous construisons l'escalier
pour l'atteindre.
J.-C. Holland

L'amitié, cela qui vient au cœur
quand on fait ensemble
les choses belles et difficiles.
Abbé Pierre

Où est votre trésor,
là aussi sera votre cœur.
Saint Luc

Nos vrais amis sont ceux
qui nous aident à être et à vivre
dans la vérité.
Jean Daniélou

La conscience est la présence
de Dieu dans l'homme.
Swedeborg

Nul ne possède d'autre droit que
celui de toujours faire son devoir.
Auguste Comte

L'amour est à soi-même
son mérite et sa récompense.
Bernard de Clairvaux

Ne me dites pas que ce problème
est difficile. S'il n'était pas difficile,
ce ne serait pas un problème.
F. Foch

Ce que je veux savoir avant tout,
ce n'est pas si vous avez échoué,
mais si vous avez su
accepter votre échec.
Abraham Lincoln

L'amour suffit à l'amour.
Khalil Gibran

La dignité de l'homme requiert
l'obéissance à une loi supérieure,
à la puissance de l'esprit.
Mahatma Gandhi

Le jour où vous ne
brûlerez plus d'amour,
d'autres mourront de froid.
François Mauriac

Aimer, c'est renoncer à vivre
en soi, pour soi et par soi.
François Varillon

Je ne connais qu'un seul devoir,
et c'est celui d'aimer.
Albert Camus

En amour, la possession
n'est pas la propriété.
Vladimir Ghika

Étudiez comme si vous
deviez vivre toujours;
vivez comme si
vous deviez mourir demain.
Saint Isidore

On n'aime pas seulement
pour être heureux, mais pour être.
Je suis parce que j'aime.
Christian Chabanis

L'espérance est la plus grande et la plus difficile victoire qu'un homme puisse remporter sur son âme.
Georges Bernanos

De quelque côté que je me tourne, je ne trouve que l'abîme de feu de ton amour.
Catherine de Sienne

La raison pour laquelle les mouches peuvent voler et nous pas, c'est tout simplement qu'elles ont une foi parfaite, car avoir la foi, c'est avoir des ailes.
J.-M. Barrie

Faire des actes d'amour,
c'est là une chose à la portée de
toutes les intelligences,
et pour laquelle il suffit d'avoir un
peu de bonne volonté.
Antoine Crozier

Un frère est un ami
donné par la nature.
G. Legouve

Qui peut plus avoir besoin de
l'amour que celui qui vit
dans la haine ?
Dietrich Bonhoeffer

Chaque joie est un gain
Et un gain est un gain,
si petit soit-il.
R. Browning

L'amour des autres
nous libère de nous-mêmes.
Grégoire de Nazianze

On ne se débarrasse pas d'une
habitude en la flanquant par la
fenêtre; il faut lui faire descendre
l'escalier marche par marche.
Mark Twain

Tous les matins on doit se demander : qu'est-ce que je peux faire pour les autres aujourd'hui.
Madame de Maintenon

Usez de l'heure présente en vous souvenant de la dernière.
Anonyme

Le commencement de l'amour du prochain consiste à apprendre à l'écouter.
Dietrich Bonhoeffer

La place de l'homme dans la vie est marquée non par ce qu'il sait, mais par ce qu'il veut et ce qu'il peut.
Gustave Le Bon

Lorsque vous entendrez dire du mal de votre prochain, commencez par en retrancher la moitié, puis le quart et gardez le reste pour vous.
Anonyme

Le jour où la joie des autres devient ta joie; le jour où leur souffrance devient ta souffrance, tu peux dire que tu aimes.
Michel Quoist

Ce qui nous fait vieillir,
ce n'est pas de prendre de l'âge,
c'est de déserter notre idéal.
Anonyme

La véritable manière de se tenir
prêt pour le dernier moment, c'est
de bien employer tous les autres.
Fénelon

Le peu que je sais, c'est à mon
ignorance que je le dois.
Sacha Guitry

Dans la mort, il y a beaucoup plus
de rencontres que de séparations.
Abbé Pierre

L'immortalité, c'est de travailler
à une œuvre éternelle.
Ernest Renan

La vraie grandeur consiste à être
maître de soi-même.
Daniel Defoe

La joie est en tout;
il faut savoir l'extraire.
Confucius

Celui-là seul est puissant sur les
autres qui l'est sur lui-même.
Monseigneur Tissier

Ne pas avoir le temps de méditer,
c'est n'avoir pas le temps de
regarder son chemin,
tout occupé à sa marche.
A.-D. Sertillanges

Le bonheur humain est composé
de tant de pièces
qu'il en manque toujours.
J.-B. Bossuet

Notre monde n'est pas tout
l'univers. Peut-être y a-t-il un
endroit où le Christ n'est pas mort.
Graham Greene

Dans le bonheur d'autrui,
je cherche mon bonheur.
Pierre Corneille

La plus grande force dont puisse disposer l'humanité est la non-violence. Elle est plus puissante que la plus puissante des armes de destruction élaborées par l'intelligence de l'homme.
Mahatma Gandhi

Le bonheur n'est pas un but qu'on poursuit âprement, c'est une fleur que l'on cueille sur la route du devoir.
John Stuart Mill

Comprendre, c'est pardonner.
Madame de Stael

Pour être heureux
jusqu'à un certain point,
il faut que nous ayons souffert
jusqu'au même point.
Edgar Poe

Rien de grand ne s'est accompli
dans le monde sans passion.
Hegel

Le bonheur le plus doux
est celui qu'on partage.
Jacques Deville

Le plaisir le plus délicat
est de faire celui d'autrui.
La Bruyère

Il y aurait de quoi faire bien des
heureux avec tout le bonheur qui
se perd dans ce monde.
Gaston de Lévis

Quand vous aurez cessé de songer
au bonheur, vous l'aurez trouvé.
Charles Secrétan

Comme de bons jardiniers,
Dieu aidant, nous devons nous
charger de faire pousser les plantes
et les arroser soigneusement afin
que, au lieu de périr, elles
produisent des fleurs toutes
parfumées qui réjouissent
Notre-Seigneur, qui viendra alors
souvent jouir de ce jardin et s'y
reposer parmi les vertus.
Sainte Thérèse d'Avila

Je ne veux ni gémir sur le passé
qui n'est plus, ni rêver follement
sur l'avenir qui n'est pas. Le devoir
de l'homme se concentre sur un
point, l'action du moment présent.
Cardinal Mercier

Aime ce qui cause ton bonheur,
mais n'aime pas ton bonheur.
Gustave Thibon

Il vaut mieux mettre son cœur
dans la prière sans trouver de
paroles que trouver des mots sans
y mettre son cœur.
Mahatma Gandhi

La clémence fait du bien à celui
qui donne et à celui qui reçoit.
William Shakespeare

Ce que Dieu demande de nous,
c'est un geste seulement,
et c'est lui qui fera le reste.
Marc Sangnier

Si vous voyez un homme
qui sombre dans l'indigence,
voilà le moment, non de le juger
et de vous enquérir de sa conduite,
mais de le secourir.
Saint Jean Chrysostome

Ô mon âme, tu es capable de Dieu;
malheur à toi si tu te contentes
de moins que de Dieu.
Saint François de Sales

La façon de donner vaut mieux
que ce qu'on donne.
Pierre Corneille

On ne voit jamais deux fois le
même jour dans la vie.
Jean Climaque

La plus perdue de toutes les
journées est celle où l'on n'a pas ri.
Chamfort

Le meilleur moyen d'adoucir
ses peines est d'adoucir
celles des autres.
Madame de Maintenon

Le temps est un grand maître,
il règle bien des choses.
Pierre Corneille

Ce qui importe avant tout,
c'est d'entrer en nous-même
pour y rester seul avec Dieu.
Thérèse d'Avila

On n'a jamais vu personne se
repentir d'une bonne action.
Jean-Jacques Rousseau

Le présent est chargé du passé
et il est gros de l'avenir.
Leibniz

Dans le silence et la solitude,
on n'entend plus que l'essentiel.
Camille Belguise

Ne laissez personne venir à vous et
repartir sans être plus heureux.
Mère Teresa

On trouve toujours assez de temps
pour ce à quoi on tient vraiment.
Marc Joulin

Le silence est l'élément dans lequel
se façonnent les grandes choses.
Carlyle

Pour notre vie, il n'y a que deux
solutions : s'aimer jusqu'à l'oubli
des autres, ou aimer les autres
jusqu'à l'oubli total de soi.
Michel Quoist

Tout passera,
sauf le bien que tu as fait.
Anonyme

L'amour ne peut mourir.
J'espère donc immensément
que la mort ne met pas un terme
à nos amours, mais en fait
craquer toutes les limites.
Suzanne Van Der Mersch

Une seule chose est nécessaire :
la solitude.
La grande solitude intérieure.
Aller en soi-même et ne rencontrer
pendant des heures personne,
c'est à cela qu'il faut parvenir.
Être seul, comme l'enfant est seul.
Rainer Maria Rilke

Vivre, ce n'est pas tout accepter,
c'est choisir, c'est couper,
c'est sacrifier.
La sève de l'arbre ne monte
qu'une fois les branches élaguées.
Ludovic Giraud

L'homme est quelque chose
qui doit être dépassé.
Nietzsche

Avant d'être un véritable croyant,
il faut d'abord
être un homme véritable,
si modeste soit son destin.
Marcel Légaut

Nous aurions souvent honte
de nos plus belles actions
si le monde voyait
tous les motifs qui les produisent.
La Rochefoucauld

Le talent se développe dans la
retraite; le caractère se forme dans
le tumulte du monde.
Goethe

Le sentiment pénètre où
l'intelligence ne pénètre pas.
Saint Bonaventure

On a beau dire du bien de nous,
nous en pensons davantage.
J. Petit-Senn

Le temps est un grand maître,
il règle bien des choses.
Pierre Corneille

Rien ne fatigue
qui est fait de bon cœur.
Thomas Jefferson

Nous gagnerions plus de nous
laisser voir tels que nous sommes
que d'essayer de paraître ce que
nous ne sommes pas.
La Rochefoucauld

Il n'est rien de plus précieux
que le temps, puisque
c'est le prix de l'éternité.
Bourdaloue

L'esprit cherche et
c'est le cœur qui trouve.
George Sand

On a beau être sûr d'avoir raison,
il ne faut pas rester seul
avec «sa» vérité.
Louis Massignon

La vie est un éclair,
la beauté dure un jour !
F. Coppée

L'intelligence n'est pas forte là
où le cœur n'est pas grand.
Henri Massis

Comment pourrons-nous être
fidèles dans les grandes choses si
nous n'avons pas appris à l'être
dans celles de tous les jours ?
Dietrich Bonhoeffer

Je ne crois pas qu'il puisse y avoir
une seule religion. C'est pourquoi
je m'efforce de découvrir ce
qu'elles ont en commun et de
prêcher la tolérance mutuelle.
Mahatma Gandhi

On ne voit bien qu'avec le cœur;
l'essentiel est invisible aux yeux.
Antoine de Saint-Exupéry

C'est déjà avoir tort
que d'avoir trop raison.
Écouchard-Lebrun

Quand on aime,
on ne perd pas de vue
ce qu'on aime.
Charles de Foucauld

Habiter avec soi-même
n'est pas égoïste,
c'est la première réconciliation qui
permet toutes les autres.
Dom Grammont

Mais prenez garde que
l'amour-propre ne vous trompe,
car quelquefois, il contrefait
si bien l'amour de Dieu
qu'on dirait que c'est lui.
Saint François de Sales

Je ne deviens moi-même que
solidairement avec mon prochain.
Karl Jaspers

Le voyage le plus long est celui qui
nous amène au-dedans de nous.
Anonyme

La tristesse est un mur élevé
entre deux jardins.
Kahlil Gibran

Enrichissons-nous de nos
différences mutuelles.
Paul Valéry

Il est préférable de mourir en route
pour un idéal trop élevé
que de ne pas partir du tout.
Origène

On se trompe toujours
lorsqu'on ne ferme pas les yeux
pour pardonner ou pour mieux
regarder en soi-même.
Maurice Maeterlinck

C'est dans la reconnaissance et
l'acceptation de la différence
que l'union se réalise.
Henri de Lubac

L'on prouve que l'on a
du caractère quand on parvient
à vaincre le sien.
Madame Necker

Les plus petites choses
n'ont l'air de rien,
mais elles donnent la paix.
Georges Bernanos

La paix ne saurait régner entre les
hommes si elle ne règne d'abord
en chacun d'eux.
Jean XXIII

Avoir un idéal, c'est le seul
moyen de faire quelque chose
et d'être quelqu'un.
Père Élisée

Notre vie vaut ce qu'elle
nous a coûté d'efforts.
François Mauriac

La révolution qui doit changer le
monde commence par soi-même.
Maurice Zundel

Nous ne pouvons pas tout ce que
nous voulons, mais il reste à
vouloir tout ce que nous pouvons.
Michel Riquet

On ne devient pas vieux pour avoir
vécu un certain nombre d'années;
on devient vieux parce qu'on a
déserté son idéal.
Général Mac Arthur

Heureux les amis qui s'aiment
assez pour se taire ensemble.
Charles Péguy

De toutes les sciences que
l'homme peut et doit savoir,
la principale, c'est la science de
vivre de manière à faire le moins
de mal et le plus de bien possible.
Léon Tolstoï

Il ne s'agit pas d'être un enfant,
mais de se savoir l'enfant de
quelqu'un.
Gilbert Cesbron

Une seule pensée de l'homme
vaut plus que l'univers tout entier.
Ainsi il n'y a que Dieu
qui soit digne d'elle.
Saint Jean de la Croix

L'enfance n'a pas de temps.
À mesure que les années passent,
il faut la garder, la reconquérir
sur l'hostilité de l'âge.
Emmanuel Mounier

Hâte-toi de bien vivre et songe que
chaque jour est à lui seul une vie.
Sénèque

L'enfer, c'est de ne plus aimer.
Georges Bernanos

Tant qu'il y a une étincelle,
il y a une espérance de brasier.
Alexandre Arnoux

Nul n'est mieux instruit
que par les épreuves.
Isaac le Syrien

Le couple heureux qui se reconnaît
dans l'amour défie l'univers et le
temps; il se suffit, il réalise l'absolu.
Simone de Beauvoir

Garde-toi de l'esprit de
découragement, car tout le mal
vient de là.
Séraphim de Sarov

Les larmes du monde sont
immuables. Pour chacun qui se met
à pleurer, quelque part un autre
s'arrête. Il est de même du rire.
Samuel Beckett

C'est dans la nuit qu'il est beau
de croire à la lumière.
Edmond Rostand

Béni soit celui qui a préservé du désespoir un cœur d'enfant !
Georges Bernanos

Ce n'est pas la profondeur de notre misère qui compte, mais la profondeur de notre espérance.
Charles Journet

Si tu n'as rien d'autre à offrir au Seigneur, offre-lui seulement tes fardeaux et tes peines.
Daniel-Rops

Les gens réfléchissent trop à ce
qu'ils doivent faire et trop peu
à ce qu'ils doivent être.
Maître Eckhart

Nous saurons qui nous sommes
quand nous verrons
ce que nous avons fait.
Pierre Drieu La Rochelle

On ne se grandit que dans la
mesure où on se donne à quelque
chose de plus haut que soi.
Antoine de Saint-Exupéry

Il n'y a nul si bonne et désirable
finesse que la simplicité.
Saint François de Sales

On fait du bien par ce qu'on est,
bien plus que par ce qu'on dit.
Henri Huvelin

Dieu bénit l'homme,
non pour avoir trouvé,
mais pour avoir cherché.
Victor Hugo

L'amour ne se paie
que par l'amour.
Proverbe espagnol

C'est faire confiance à la vie, que
de se mesurer avec l'impossible.
Panaït Istrati

Quand on est pressé, on ne donne
jamais l'impression d'aimer.
Et trop de personnes sont pressées.
Docteur Tournier

Le plaisir le plus délicat
est de faire celui d'autrui.
Jean de la Bruyère

Il faut que l'amour finisse
par tuer le moi. Sinon c'est le moi
qui finit par tuer l'amour.
Gustave Thibon

Si Dieu a fait un monde d'amour,
vous êtes faits pour le retrouver.
Patrice de la Tour du Pin

Je vous prie, que les paroles se
taisent, que les actes parlent.
Saint Antoine de Padoue

Le plus grand bien que nous
faisons aux autres n'est pas de leur
communiquer notre richesse,
mais de leur découvrir la leur.
Louis Lavelle

Aimer réellement, c'est ne pas
pouvoir se défendre d'aimer.
Jacques Guillet

Oui je sais bien, mon Dieu,
que ma plainte est mauvaise,
Que nos blés sont à vous
pour faire la moisson...
Et vous avez raison
quand vous sauvez une âme,
Et vous avez raison
quand vous la condamnez...
Charles Péguy

Non seulement nous ne
connaissons Dieu que par
Jésus-Christ, mais nous ne nous
connaissons nous-mêmes que par
Jésus-Christ. Nous ne connaissons
la vie, la mort que par Jésus-Christ.
Blaise Pascal

Quand on aime, on est davantage.
Marie-Madeleine Martinié

La dernière marche d'un escalier
qu'on gravit est toujours
plus haute que les autres.
Paul Masson

Une vie vécue pour le bien
des autres est toujours
une vie heureuse.
Jimmy Braddon

C'est la grandeur de l'homme de
devoir non seulement travailler
sans cesse à son développement,
mais également de rechercher pas
à pas ce qu'il est et ce qu'il doit
devenir.
Michel Quoist

Dieu n'est pas trouvé.
Il se trouve.
Georges Poulet

L'humanité serait depuis
longtemps heureuse
si les hommes mettaient leur génie
non à réparer leurs bêtises mais à
ne pas les commettre.
George Bernard Shaw

Les grands embrasements
naissent de petites étincelles.
Cardinal de Richelieu

L'homme seul n'existe pas.
Il n'y a que des hommes liés
les uns aux autres, jusqu'aux
limites de l'humanité et du temps.
Michel Quoist

La meilleure prière
est la plus clandestine.
Edmond Rostand

Mieux vaut une défaite
dans l'humilité qu'une victoire
dans l'orgueil.
Anonyme

L'amour est la seule passion
qui se paie d'une monnaie
qu'elle fabrique elle-même.
Stendhal

Pour certains, l'humilité est une
perle précieuse qu'ils ne peuvent
trouver que dans la poussière
de leur défaite.
Cardinal Saliège

La Foi a besoin de toute la Vérité.
Pierre Theilhard de Chardin

La grandeur de l'homme,
c'est de reconnaître ses limites.
Paul Roland

Nous valons ce que
valent nos joies.
Jeanne d'Arc

Les êtres auxquels nous servons
de soutien sont pour nous un
appui dans la vie.
Marie von Ebner-Eschenbach

Il n'y a qu'un moyen de se guérir
de la tristesse : ne pas l'aimer.
Louis Évely

La liberté est le pouvoir de devenir
tout ce que nous devons.
Guillaume Pouget

Ce que nous appelons «bonheur»
consiste dans l'harmonie et la
sérénité, dans la conscience d'un
but, dans une orientation positive,
convaincue et décidée d'un but,
bref dans la paix de l'âme.
Thomas Mann

Celui que Dieu veut combler
de ses grâces
il l'envoie dans le vaste monde
pour lui faire voir ses merveilles.
Josef von Eichendorff

Dieu n'a imposé à personne
une tâche impossible;
la main ne peut donner
que ce qui est disponible.
Ibn Abi Tâlib

C'est parce que l'homme
peut dire «non» que son «oui»
prend une pleine résonance.
Paul Evdokimov

L'espérance ne serait-elle pas
un sens occulte de l'Existence,
une chose qui mérite
qu'on lutte pour elle ?
Ernesto Sabato

Le mal que l'on dit de nous
fait sur notre âme
ce que le soc fait sur la terre;
il la déchire et la féconde.
William Shakespeare

L'explication du malheur de bien
des gens, c'est qu'ils ont le temps
de se demander s'ils sont heureux
ou s'ils ne le sont pas.
George Bernard Shaw

Le bonheur et le malheur ne
viennent que de nous-mêmes.
Meng-Tzu

On ne remarque jamais mieux
la valeur de l'homme
que dans la maladie.
Saint Vincent de Paul

Ressemblons en quelque sorte à
notre Roi qui n'eut pour maison
que l'étable de Bethléem où il
naquit et la croix où il mourut.
Sainte Thérèse d'Avila

Dieu perfectionne l'homme
en se conformant à la mesure
de l'homme.
Saint Jean de la Croix

Si je ne suis pas ce que je veux
être, ce que je veux, non en désir
et en projet, mais de tout mon
cœur, par toutes mes forces, dans
mes actes, je ne suis pas.
Au fond de mon être, il y a un
vouloir et un amour de l'être,
ou bien il n'y a rien.
Maurice Blondel

Il faut se ressembler un peu pour
se comprendre, mais il faut être un
peu différent pour s'aimer.
Paul Géraldy

L'union des corps a toujours été le langage le plus fort que deux êtres puissent se dire l'un à l'autre.
Jean-Paul II

Un bon repentir
est le meilleur médicament
contre les maladies de l'âme.
Miguel de Cervantes

Personne ne mourra à la place d'un autre, mais chacun doit se mesurer en personne avec la mort.
Martin Luther

Tant que sur terre il restera un homme pour chanter, il nous sera encore permis d'espérer.
Gabriel Celaya

Ce qui donne un sens à la vie, donne un sens à la mort.
Antoine de Saint-Exupéry

Il reste toujours quelque chose à aimer dans un être qui souffre.
Lorraine Hansberry

Je me suis passionnée pour l'oubli... Depuis que je ne me recherche jamais, je mène la vie la plus heureuse qu'on puisse voir.
Sainte Thérèse de Lisieux

Oui, le bonheur, mon Dieu,
seul bien et seule gloire,
Pour l'homme et pour l'enfant,
c'est d'aimer et de croire!
Adrien Rouquette

Dans la vraie joie, on cesse
de se regarder soi-même.
Maurice Zundel

La beauté des choses existe dans
l'esprit de celui qui les contemple.
David Hume

Si vous voulez la paix, n'accordez
d'intérêt qu'à l'essentiel.
Anonyme

Être ce que nous sommes et
devenir ce que nous sommes
capables de devenir,
tel est le seul but dans la vie.
Robert Louis Stevenson

Voulez-vous être heureux un
instant ? Vengez-vous. Voulez-vous
l'être toujours ? Pardonnez.
Henri Lacordaire

Si vous avez la simple beauté et
rien d'autre, vous avez à peu près
ce que Dieu a fait de mieux.
Rudyard Kipling

La pauvreté, c'est se passer
du superflu et se contenter
du nécessaire.
Alexis Presse

Si sa foi est sincère,
nul n'est jamais perdu.
Telle est la charité immense
de Dieu.
Archibald Joseph Cronin

Nous sommes coupable non
seulement du mal que nous
faisons, mais du bien
que nous ne faisons pas.
Elisabeth Leseur

Une foi fondamentale donne à
celui qui l'a la force de survivre.
Jawaharlal Nehru

Vous désirez un moyen pour
arriver à la perfection ? Je n'en
connais qu'un seul : l'amour.
Thérèse de Lisieux

Mieux vaut agir quitte à s'en
repentir que de se repentir
de n'avoir rien fait.
Boccace

La plupart des hommes, pour
arriver à leurs fins, sont plus
capables d'un grand effort que
d'une longue persévérance.
La Bruyère

Je ne vis pas pour vivre,
je vis pour donner.
Morris Vintchevski

Ce qu'il ne faut pas accepter, c'est
d'être vaincu. Et on ne l'est que
lorsqu'on a renoncé à combattre.
André Delmas

Crois et tu comprendras; la foi
précède, l'intelligence suit.
Saint Augustin

L'important n'est pas de penser
beaucoup mais d'aimer beaucoup.
Thérèse d'Avila

Le bien suprême de l'âme
est la connaissance de Dieu;
et la vertu suprême de l'âme,
c'est connaître Dieu.
Baruch Spinoza

Il faut apprendre à regarder et
à nous laisser regarder,
à aimer et à nous laisser aimer.
Bernard Bro

Le Dieu de mon âme n'est pas le
résultat de recherches scientifiques,
mais le gouverneur des lois
morales de ma conscience.
Stefan Zeromski

Que me reste-t-il de la vie ?
Que me reste-t-il ?
Que cela est étrange, il ne me reste
que ce que j'ai donné aux autres.
Vahan Tekeyan

Le recueillement est nécessaire
pour reprendre haleine; il est
nécessaire pour être quelqu'un.
Henri Huvelin

Qui n'a pas appris à assumer
les peines de tous,
celui-là ne partagera pas non plus
le bonheur avec tous.
Dimitrie Cantemir

Ils ne savent pas tout ce qu'ils
perdent ceux qui ne savent pas
écouter le silence.
Maurice Zundel

La foi sans doute est une grâce.
Mais le bon travail, dans l'amour de
l'idéal, donne la foi. Il n'y a pas de
travail au sens vrai sans foi.
Vilhelm Ekelund

Il y a une espèce de honte
d'être heureux à la vue
de certaines misères.
La Bruyère

Lorsque tu te connaîtras bien,
du même regard tu connaîtras
aussi le Christ.
Hryhory Skovoroda

On n'est pas un homme
quand on n'aime que soi.
Fénelon

La question la plus permanente et
la plus urgente de la vie :
que faites-vous pour les autres ?
Martin Luther King

Il faut croire d'abord.
Il faut croire avant toute preuve,
car il n'y a point de preuve pour
qui ne croit rien.
Alain

On n'a pas le droit
d'être heureux tout seul.
Raoul Follereau

On ne reçoit pas la sagesse, il faut
la découvrir soi-même, après un
trajet que personne ne peut faire
pour nous, ne peut nous épargner.
Marcel Proust

Rien n'est beau comme un enfant
qui s'endort en faisant sa prière,
dit Dieu.
Charles Péguy

Rien n'est plus contagieux
que l'exemple.
La Rochefoucauld

Mon Dieu, calmez mon cœur,
calmez mon pauvre cœur,
Et faites qu'en ce jour d'été
où la torpeur
S'étend comme de l'eau sur les
choses égales,
J'aie le courage encor,
comme cette cigale,
Dont éclate le cri
dans le sommeil du pin,
De vous louer, mon Dieu,
modestement et bien.
Francis Jammes

Nous sommes faits pour aimer et
être aimés, et la vie nous est
donnée pour l'apprendre.
Suzanne Van Der Mersch

Le but du travail n'est pas tant de
faire des objets que de faire des
hommes. L'homme se fait en
faisant quelque chose.
Lanza del Vasto

Nous ne saurions trop répéter que
la famille n'est pas un but mais un
moyen. Il n'y a qu'un but : Dieu.
Marc Sangnier

Nous n'avons pas pour mission
de faire triompher la Vérité,
mais de témoigner pour elle.
Henri de Lubac

Je crois que le Mal existe
et je juge de ce qu'il est le Mal
à la lumière du Christ.
François Mauriac

Puissent toutes les personnes que
nous rencontrons se sentir
meilleures en nous quittant.
Anonyme